Memorias entre los nenúfares de los tiempos

JULIO ENRIQUE CEPERO-PADRÓN

Aliarediciones

Corrección: Eladia Guerrero
Diseño de cubierta: Aliar Ediciones
Maquetación: Aliar Ediciones

Depósito Legal: GR 873-2025
ISBN: 979-13-87823-39-9

Impreso en España

Edita
ALIAR Ediciones
www.aliarediciones.es
info@aliarediciones.es

Memorias entre los nenúfares de los tiempos

JULIO ENRIQUE CEPERO-PADRÓN

A mi madre.
Quien siempre estará en mi memoria.
Quien me enseñó a preservar los recuerdos
más intensos e inolvidables de la vida.
Quien me enseñó a no dejar escapar, nunca,
por ningún agujero de los bolsillos
esas memorias que fueron, que han sido y serán
el hilo conductor de nuestros sentimientos.
Consciente soy de que el sentir de estos poemas
le llegará a la dimensión donde se encuentre.

No dejes de creer que las palabras
y las poesías
sí pueden cambiar al mundo.
WALT WHITMAN

La poesía es el lenguaje del alma.
GABRIELA MISTRAL

El amor es intensidad y por esto
es una distensión del tiempo;
estira los minutos
y los alarga como siglos.
OCTAVIO PAZ

Somos nuestra memoria,
somos ese quimérico museo de formas inconstantes,
ese montón de espejos rotos.
JORGE LUIS BORGES

La memoria es el único paraíso
del que no podemos ser expulsados.
JEAN PAUL

Al miedo le he dejado las sombras de las luces.
Esas que ya no pueden opacar
la luminosidad de las palabras
que se desprenden en una efusión infinita,
desde un alma libre.
Libre, como siempre quise expresarme,
y lo he conseguido a pesar de tantos caminos.
EL AUTOR

PRÓLOGO ANTES DEL ENCUENTRO CON LA MEMORIA DE LOS TIEMPOS

La poesía atraviesa
sin ninguna prisa
los mediadores,
los ineludibles espacios
del tiempo y la memoria.

Con una presteza que se agiliza
y que derrama con bríos
la queja, el sentimiento,
el amor, el desamor.
El desarraigo incompetente
al poder decir lo no dicho.
La valentía de unas letras
para poder evitar
el acallar sentimientos.

La premura que sobrevive
en un alma que se asoma,
en ocasiones,
al estanque de los nenúfares
que inundados de poemas cíclopes
flotan deslumbrantes.
Advenedizos, tiránicos
y atiborrando sin demencia
los espacios

de los bolsillos de la memoria
desde un corazón excitante.

En un tiempo
donde los tiempos se han regodeado
en la plenitud del ensoñamiento.
Entre las emociones y los sentimientos.
Entre los amores y desamores.
Entre los sueños, desvelos y fracasos austeros.
Entre esperanzas y triunfos.

En esa quietud,
con inmóviles tristezas,
alegrías triunfantes;
aún siguen siendo mis recuerdos
soberbios y estoicos:
viajando
sin ninguna alteración
por los bolsillos de mi memoria.

Exhalando un olor
a un *brandy* desconocido.

Escuchando, imperceptiblemente,
el aletear de los colibríes
que me traen los mensajes
desde las riberas opuestas
de los océanos dimensionales.

Memorias, versos y vida
que permanecen inalterables
a través de los años.
A través de los tiempos.
A través de los arcoíris
que se diluyen
en los bolsillos de mi memoria.

Con vespertinos resplandores,
con epítetos no plañideros.

Y que, a través de los tiempos,
no se detienen
entre los nenúfares de mis sueños.

Impregnados de los sentires
con mis versos.

Versos
que predicen,
que exhalan,
que imponen
la prontitud de los entretiempos
en un viaje ineludible
en el hábitat de mis recuerdos.

LAS HUELLAS QUE HE DEJADO DESDE UN DÍA DE ABRIL

Tengo unas huellas clavadas
de un unicornio de mi infancia.
Entre la garganta y el pecho.

Desde el pecho que se hunde en la garganta.

Tan atemorizadas, parece que han estado
entre los sentires de aquellas huellas;
que han horadado los esqueletos infames
que se revolcaban con ansias
entre los papeles ancestrales de un Sísifo inculpado.

Huellas que manifestaron ruidos sordos
y gemidos inertes que estremecieron con saña
los suelos donde se posaron por última vez.

Huellas que quedaron libres, al fin.
Y que se han fundido tanto
en las entrañas de los vuelos.
Que no han logrado hacer
que vuelvan a renacer
aquellos esqueletos desmembrados
por la cordura aturdida de unos papeles siniestros
que nunca dejaron huellas...
desde la garganta hasta el pecho.

Desde el pecho, hundido en la feroz garganta.

Solamente, dejaron rastros
en los caminos silvestres de estos papeles escritos
que hoy llegan, sin piedad,
desde las memorias hasta el corazón.

DESCALZO CON LOS ABRAZOS ROTOS

Descalzo en este abril entre hojarascas secas,
me encuentro aspirando
los perfumes de la mediadora tierra.

Entre pétalos de sienes que se hunden
junto a las raíces de los incondicionales amores.
Donde surge la verdad somera
de la negación de reflejar tu probable ira
cuando observas la luna
desde la orilla de tus quimeras codicias.

Dejaré que el sol te queme la piel de seda
de los enojos, de las tristezas.

De las angustias por marchitarse.
De los naufragios de mal de amores.
De las sonrisas desvalidas.
De las cenizas que quedan,
después de tantos besos maltratados.

Sí, te negaré la fuerte brisa
que se viene con los adioses mal dados.
Encumbrados, en los días perdidos.
Aquellos, los de los abrazos rotos.

De los corazones estrujados.
Desviados por los caminos mal enraizados.

Desdibujados de figurines incólumes y santos.

No te podré negar, nuevamente,
que fijes tu mirada en nuestra luna.

No podré impedir que los eclipses transitorios,
con los olores a cielo,
se refuercen entre los puros adioses.

Entre los abrazos rotos.
Entre los días perdidos.
Entre las noches mal acabadas.

Descalzo en este abril de hojarascas secas
y de lunas que se quiebran, sin mendigar,
ante tantos,
muchísimos,
abrazos rotos...
Mientras, yo,
me acuesto en la tierra, desnudo de temores,
para aspirar los perfumes
que se desprenden de ella.
Entre las hojarascas secas, mirando
la luna desde mi orilla fresca.

CON LA DEIDAD DE LAS PALABRAS

Si el decir y el sentir
viajasen unidos con las palabras,
estas permanecerán unidas, inconmoviblemente;
aunque mi voz se apague
entre remezones de lúgubres colores,
sórdidos y con entonados cánticos
que le devuelvan la sonoridad
maltrecha y descolorida.

Y los estertores de su vibración
se sumerjan en la intensidad,
gradualmente, en la eternidad de las palabras.
¡Qué deidades tan sublimes!

Entonces, el sentir de los decires
será espectacular,
como auroras boleares
con ecos imperecederos.

Las palabras, al final,
comulgarán en bocas cerradas.

La emoción se fue. Se ha ido
en las alas cabizbajas
de las mariposas desfallecidas

que alimentan, sin perjurios,
los colores oblicuos de la vida.

Los tiempos insensatos.
Donde el azul es gris.
Donde el violeta es verde.
Donde el amor es ya un pretérito.
Las desdichas deshechas
en pañuelos de un holán que ya no existe,
se han extinguido con la memoria vuelta en llamas
por la premura de un tiempo
que, sin cesar, destruye las palabras.

Si el decir y el sentir
viajan siempre con las palabras,
ellas, las bien expresadas,
estarán unidas siempre.

Estos vocablos se han vuelto
resplandecientes, hercúleos,
vigorosos y sanos
entre los pétalos engendrados de otoños
que observan, que desean
que el invierno llegue
y no congele las palabras.

Entre suertes de lujurias inexplicables.
Ante tanto rocío santo de decires derramados.

Del nido de cóndores majestuosos,
entre deidades supremas,
entre holocaustos de esperanzas,
las palabras se erguirán triunfantes
sin altanerías, ni vanidades,
ni falsedades tangibles.
Sus resonancias serán enormes
en la vehemencia de muchas dimensiones
cuando el sentir y el decir viajen juntos.

Entre escollos sin plegarias,
entre mares grises de elocuencias seniles,
entre praderas,
caminos,
bosques
y selvas;
bajo un cielo violeta,
aterciopelado de nubes verdes,
muy unidas con los sentires
de las palabras... que hoy construyo
y que lanzo a mis azules cielos
desbordantes de sentires,
hilvanadas por las deidades
de las supremas e intransigentes palabras.

JUGANDO CON EL SILENCIO

Trataré de jugar con el silencio
mientras recorra todo mi camino.
Cargando una amalgama de recuerdos.
Saturados de ilusiones aún no desvanecidas
por el tiempo de los tiempos transcurridos.

Trataré de jugar con el silencio,
con el coraje embrutecido
ante el ir y venir de pensamientos tenaces,
taciturnos, soñolientos, vivaces
y embriagados de un sopor encurtido.

Trataré, en silencio,
de convertir caminos inaccesibles;
aunque en ellos no puedan deslizarse
los intrusos con disímiles creaciones bipolares.
Aquellos que mantienen, que gozan
de carencias de signos vitales
ante tanta esclavitud de versos cercenados
en un derrochar de ansiedades
entre otros juegos de silencios.

Soledades de silencios ecuestres.
Con susurros de mares
que no aplacan las ventiscas inaudibles.

Las que sus sabores, todavía,
no han sido polinizados...

Trataré de jugar con el silencio
en la pausa de mi decir austero.

Trataré de llegar al final de mi camino
en el afán supremo del sentir viviendo.
Aunque sea viviendo y sintiendo.

¡Tratando, siempre,
de continuar jugando con el silencio,
si se precisa!
¡Jugando con precisión con mis silencios!

DE REGNO VENI
(HE VENIDO DE UN REINO)

Mientras lo inaudible
lograba su reino,
la casa oscilaba,
pero su interior
permanecía intocable.

JOSÉ LEZAMA LIMA
Lo inaudible

Vengo de un reino perdido.
No está en los Himalayas.
No hay nobles,
no existe una Corte esplendorosa.
Sí, muchos bufones.
Y algunas meretrices desorientadas.

Es un feudo asimétrico.
Bañado por aguas
no turbulentas.
Incrustado de desconsolados moluscos.
Infestado de tiburones serviles.
Vasallos mal recompensados.

Vengo de un reino
donde deshojar margaritas
es pena
de reclusión perpetua
dentro del oscurantismo selecto,
donde abundan
las mentes retorcidas
de dignatarios acéfalos.

Donde las avispas
ya no pican,
porque han sido flageladas.
Donde el azúcar es amarga de virtudes
y la sal es traicionera de ilusiones.

Vengo de un reino
incrustado y desmoronado
de pasiones y de sentimientos.
De desdichas, de placeres mudos.

Vengo de ese mundo,
carcomido
por poderes de mentiras.
De realidades obsoletas.
Con vejámenes, nunca creíbles.

He venido de ese reino,
donde la corona
está hecha cenizas.
Con cetros salpicados
de un oleaje intolerable.

De las premuras canceladas,
con las palabras censuradas.

Con los sentires casi muertos.
Con los fantasmas de la realidad
que se oponen a seguir espantando
en los pasillos de las Cortes.

Con el verbo derretido
de una cera intransigente.
Con la violencia cronometrada,
sin llegar siquiera
a la transparencia de un segundo.

Vengo de un reino
hecho añicos.

De sepulturas maniatadas.

De odiadores disfrazados
con violines sin cuerdas.

De cantantes sin gargantas.
De operetas sepultadas.

He venido de un reino
donde la ocultación
de las verdaderas y falsas frases
se entremezcla
con los proverbios antiguos
que jamás se eclipsan.

He venido de ese reino,
donde ya no existe corona.

Donde los bufones,
rígidamente,
vociferan
con sus muecas;
tratando de esconderse
en los andrajos
que remodelan sus cuerpos,
enredados
en las cuerdas rotas
de sus violines sin formas.

¡*De regno veni*!
He venido
de ese histórico reino,

donde aún hacen reverencias
muchos de su Corte.

He venido de ese reino,
que se incinera cada día.
Que se ahoga,
que expulsa sus mentiras
a los desposeídos
que esconden,
que guardan,
que sobreviven
con los silencios de otrora.

Donde el caminar
con furia loca
se ha exterminado
con los albores
de un tiempo de reino
donde ya no hay corona,
donde ya no hay cetro,
donde ya
la vida no es vivir
entre la ingenuidad
de los moluscos maltrechos...

¡He venido de ese reino!

¡Un reino que continúa
tocando melodía en el tiempo
a pesar de tener violines sin cuerdas!

POEMA GRIS EN AZUL

Es delicioso escribir, lo hagas bien o mal,
dejar de ser tú mismo
y moverte en todo un universo creado por ti.

GUSTAVE FLAUBERT

Cadáveres de cosas
que quisieron volar
con mis alas propias
para vencer, con la altura,
el azul magnificente
sin los designios encadenados.

Solo recuerdos gratos
con perfumes de ironías
me llevé entre mis alas.

Lo demás, o casi todo,
se lo dejé a los sepultureros
de la memoria del olvido.

De ese campo gris,
de inconfundibles siluetas,
grotescas e innombrables,
supe florecer de entre esos cadáveres

para convertirme
en un asesino de letras.

Con y sin penas,
pero sin cárcel por lengua.

Así aligeré, con mis alas,
medio rotas, medio grises,
coloreadas de un azul silente
del rumbo de mis nuevos vuelos.

Sin cargas.
Ni ataduras.
Ni molestias.
Sin orgías de lamentos.

Curando en plenos vuelos,
en lo alto del azul cielo,
heridas torcidas,
heridas resecas,
heridas que nunca llegaron
a hacer metástasis en mi corazón.

EN EL UMBRAL DE UN SENTIMIENTO

Seguiré las huellas de unos pasos indecisos.
Continuaré con aquellas otras cosas que se definen con fuerza.
Que se confunden entre las raíces
de lo que aún no ha nacido.

Mantendré con mis manos firmemente
la llama de la esperanza por la alegría de vivir.
La que se aviva tenazmente con una rapidez vibrante,
con un corazón que se quema de tanta pasión,
de tanto amor que se comprime
para no herir, para que no revienten
las arterias de mis memorias.

Con tanto amor cosechado, antes, ahora
y quizás aún después
ante una quietud en un instante monosílabo,
tan humano,
tan universal,
tan sublime como es ese sentimiento.

El amor que rompe raíces.
El amor que, a veces, deshoja las pasiones.
El amor que subyuga a toda la tierra inerte,
repleta de raíces que quieren brotar
y que deseen amar al amor amando.

Seguiré esas huellas.

Acrecentaré los latidos de un corazón placentero,
con una estampida férrea de sentires emanados
de un universo de sentimientos plenos.

Me estacionaré sin tregua, sin descanso,
con una suerte desplegada de antemano,
y con un desafío intransigente
me situaré para siempre
en el umbral de ese sentimiento
con la plena convicción de seguir amando...
Con raíces o sin raíces
debajo de mis suertes, en tierra,
en el umbral de un universo de ese sentimiento.

CRÓNICAS ENTRE LOS LABERINTOS DE LOS SUEÑOS

¡Como si se pudiera matar el tiempo
sin insultar a la eternidad!

HENRY DAVID THOREAU

Al querer alcanzar mis sueños,
entre los laberintos inevitables
de los tiempos,
quise detener
en el camino de la prisa
las angustias,
las melancolías
y los desatinados insomnios
que me hacían memorizar
las memorias
de todo lo acontecido.

Tardé, me adelanté.

Y, altivo siempre, me detuve
sin el menor temor
de no poder llegar a mi meta.

Evadiendo
esos enmarañados contextos
de traficantes de sueños.
Con equilibrios sarcásticos
que derretían las sienes hundidas
de los payasos sin risas.

Sin el permiso de la vida,
a destiempo vagué
sobre bosques de crudos follajes.
Pletóricos
de algas de otros siglos.

En sitios furtivos.

Donde de blanco
se pintan los geranios.
De muy verde, el corazón.

De tenue turquesa, con las rosas
que han nacido al atardecer,
supe empinarme con gallardía
ante la desolación
de un holocausto de mares.

Haciendo antesala
ante el estupor ferviente
y con la paciencia

que aún no guardo
y enarbolando unas manos
que se inmolaran
para empuñar, ferozmente,
la pluma de la literaria venganza.

Esperé
a la disipación
de la agonía errante.

No sé si con acierto,
para acometer mi desembolso
entre tiempo de soledades,
de desdenes, de insultos sietemesinos,
de crueldades vestidas con pieles de onagro vivo.

Y esperé para poder
plasmar en versos
las memorias
que todavía continúan
arraigadas en mí.

Como aquellas algas,
las de los otros siglos errantes.

Como los alaridos
que no tienen bocas.

Y que escandalizan
a los últimos ruidos
de los quejidos inundados,
de los tsunamis postreros.

Sonoros y apagados ecos
que hacen temblar
a los laberintos
de los camuflajeados tiempos.

Voces mutantes y parlanchinas
que enmudecen entre escombros
la magnificencia de la vida.

Que vuelan.
Que no se extinguen
ante todo lo que expreso.

Memorias que pululan
en mi bosque, entre espinas,
con reflejos de corales vírgenes,
con destellos de aguamarinas.

Y que vibran
sobre las enramadas secas
hasta pretender llegar
a otras dimensiones.

Para que puedan retoñar
con más atrevimientos
en el imperecedero transcurrir
de los tantos siglos,
que, con seguridad,
evocarán estas memorias
a pesar de los sueños
entre los laberintos de los tiempos
y teniendo por testigos
a los nenúfares de cada tiempo.

PREFACIO

Desde la penumbra del olvido
se escuchan los cantos de las sirenas
que se deleitan,
sin la menor prisa,
entre los nenúfares de los tiempos.

Esos tiempos
que nunca se olvidan.

Aunque se quiebren las neuronas
de los vientos que baten,
ensordecedores,
tenues,
lastimeros,
las penumbras
de los olvidos efímeros.

DESEO BISIESTO

Para escribir un poema
se necesita solo amar.

JORGE EDUARDO EIELSON

Guardo estrellas en mis ojos.
Esas que llevo adentro.
Impregnadas en las cristalinas figuras
de las emociones palpitantes.

Desde hace mucho,
demasiado tiempo.

Desde antes de estar en el útero
de la vida con los colores extinguidos.

Guardo las estrellas
en los confines de unos bolsillos
que se aferran a no soltarlas.
A que no salgan, que no escapen.
Evitando que no dejen de brillar
en los interiores de una magia
que palidece con un tiempo ensombrecido
en los translúcidos placeres
de una visión no trastornada.

Donde el dolor
me duele a calma.

Donde la calma
se apaga
con el dolor del propio dolor.
Donde el amar
es cosa figurativa
con unos besos y una cama.
Solamente. Y nada más.

Sin los deseos de un brillo
que nos haga temblar de emociones
y de estertores en el vientre mariposado.

Guardo estrellas bajo llave
en los confines de los bolsillos,
para dar tiempo al tiempo.
Para descubrirte
cuando se produzca
el inmenso infinito
de las palabras,
de las voces,
de los deseos inacabados,
de los amores postreros...

Y, al final de todo ello,
con tu encuentro.

Guardaré estrellas en mis ojos,
las que he retenido por siglos de horas,
de milésimas de años,
de bisiestos deseos no cumplidos.

Las guardaré, para poder devolverlas
a tu inmensa vida;
cuando ya hayas asomado
de entre los fulgores sensatos
de las cachetadas dadas
entre la luna y el sol...
Mientras, espero
ese encuentro.

Y, para entonces,
seguiré amontonando
el fulgor de las estrellas en mis ojos,
bien resguardadas
en esos confines
de los bolsillos
que se arrebatan,
que enloquecen
con el sentir del centellear de las estrellas
más allá de los horizontes mediterráneos
y que no huyen
desde el corazón que guardo
en cada bolsillo de mi alma.

CON OLOR Y COLOR

Lo que escribo sale del alma.
Palabras humedecidas y adheridas
de olor y color,
para convertirse
en agradables caricias
que colmen de sentires
desde las vísceras más ardientes
hasta los ojos del corazón.

EN EL ENTRETIEMPO DE LA VIDA

En la ecuanimidad de una espera,
estará el silencio avasallador.

Ese, que oprime, que quema,
que desgarra el hálito
de lo que pudiese ser
y que tantas veces no es,
para atravesar el umbral
de sinuosas y desmedidas proporciones.

Ese umbral de los sentimientos
que no se cansan,
que no se agotan...
porque, ante todo,
saben esperar
con la paciencia
que no tengo...

DE VIAJE CON LOS SENTIRES A LA MEMORIA

Siento que la vida
es una poesía inconclusa.
Siento que la poesía
de los poros brota con ingenuidad.

Siento
que crece, palpita y estremece
lacerando las entrañas
hasta la más profunda saciedad.

Siento
que hay veces que nos duele rememorar
lo inútil, que siento padecer versando
con estrofas que han de morir
en el fiel intento de su predecir.

Hay veces que siento que la vida
nos desangra al no frenar
con los cuchillos de la obviedad,
de lo tan sutil de la agresividad
que, a veces, se convierte
en el rutinario vivir de verso en verso.

Se convierte en una melodía postrera
de un viaje que se nos escapa

en una travesía que todos, a veces,
esperan... y que llega...

Esperan... y que nunca llega...

Siento que la poesía nos corroe la expresión
antes de que ella pueda zozobrar
y nos santifica los sentidos.

Es con la poesía que se asciende
entre adversidades y gozos
para conquistar indulgencias plenas
ante los tantos pecados concebidos.

Y, entre sentires y pecados,
la memoria espera
para nutrirse de las secuencias
de lo vivido, de lo sentido, de lo pecado.

Siento, tantas veces,
que la poesía
nos sataniza sin sentidos
y entre esos cuchillos
que se clavan en un viaje infinito
desde la mente hasta el corazón
y que estatizan nuestra rigurosidad
de proseguir con ternura la vida, a veces...

A pesar de la agonía
de unos versos mal formados.

Siento, hay tiempos,
tiempos de veces,
que la poesía, como la vida,
nos desgarra el alma
con mojaduras de devoción
de un corazón deteriorado,
no parapléjico de ilusiones
y cabizbajo, ocasionalmente.
Pero reluciente de insomnios por vivir
sin la calma que la poesía demanda.

Hay veces que no se necesitan límites
para censurar la melancolía,
sintiendo que la poesía y la vida nos da.
Existen los tiempos de veces;
de tantísimas cosechas,
de arrogancia e ingenuas pericias
que la vida y la poesía,
la poesía y la vida
nos disparan a lo profundo.

Con un disparo certero,
calibrado de antemano,
para desterrar de nuestra vida
la agonía, la melancolía;

la zozobra de vivir la vida
y que muchas veces
pretendo
que se viva la vida sin insomnios,
sin desventuras,
con muchísima poesía de vida,
¡para desterrar cuanta agonía nos embista!

¡Para poder hacer de esos sentires
que la memoria no envejezca nunca!

TRÓPICO DE CAPRICORNIO

Una oleada de luciérnagas,
sin frenos, sin acosos,
se abren paso
entre las corrientes arrugadas
y medio malqueridas de la vida.

Cuánta sublimidad,
con exquisita arrogancia,
ante los atroces temporales
que desenvainan los tiempos.

Las medidas precursoras
para la creación de las memorias
que navegan en una oscuridad
que ya huele a luz.

Con sus acordes de trinos.
Pintados de alegrías.
Que huelen, sin la menor duda,
a los colores de Picasso y de Dalí.
A los de Diego Rivera.
A los de Frida que nunca se borran.

Rociados de sonrisas
y mesuradamente concebidos
con el curso trazado

de una oleada de luciérnagas
que llegarán a enternecernos
hasta el mismísimo infinito.

PARA OTROS TIEMPOS

La memoria en los versos,
donde están impregnados mis sentires,
quizá no puedan volar a plenitud
en estos tiempos.

Ellos lo harán, con seguridad,
en otros tiempos.

Los que tendrán que venir
cuando los sentires
se hagan sentir
más profundos...
¡Y la memoria no se esfume!

EMOCIONES ENTREABIERTAS

El tiempo,
la gran puerta entreabierta
al astro que ciega.
Así sea.

BLANCA VARELA

Con la fuerza del calor del estío aplazado
crucé la alameda de los claveles marchitos.
Después de que hubiesen pasado
en procesiones triunfales
los verdes camaleones
con sus corazas alienígenas
de ancestros futurísticos.

Esos que huyeron con suertes
de haber sido hechizados
por los cuentos cancelados,
sin ningún motivo
para que en un final
pudieran ser censurados.

Esos camaleones de mis sentires
se han escabullido,
como bribones sin frenos,

por la gran puerta entreabierta
de la vida y del tiempo.

A destiempo del tiempo.
A minutos de segundos idílicos.

Esa misma puerta
que tantas veces he buscado.
Y que he encontrado, a veces.
Y que otras veces no.

Camaleones que me han perseguido
por veredas tristes, y por veredas alegres.
Camaleones que han salido de sus órbitas
como los astros que han caído
en la perennidad de un nuevo hábitat.

El nuevo tiempo, no desfallecido,
de los caminos agrestes y sólidos.

Un tiempo de alas de las mariposas
de colores dorados
que adornan,
y que vibran
y que escandalizan
los aromas de los atrevimientos.

Cuando sin atreverse
empujan las entreabiertas puertas
de los nuevos tiempos.

Esas mariposas alborozadas, revoloteadoras,
agentes infieles de los camaleones verdes.

Mariposas con la fuerza del verano
y hechizadas por los helados trópicos.
Agigantados, inmarcesibles,
con los que he vuelto a cruzarme
en la alameda de los claveles, bien rojos,
después de congelarse el tiempo
con el calor de la verde vida.

Hibernándose con piedad y con dulzura
ante los camaleones verdes
que han regresado cabizbajos, cejijuntos,
pero siempre altaneros e indómitos.
Sedientos de pasear por las veredas pintadas
de los cuentos cancelados,
de los cuentos sin ningún final.

Esperando los finales triunfales,
trasgresores de epopeyas,
donde las alas
de las mariposas de colores dorados
revolotean, ruidosamente,

en el eterno calor de la existencia
del tiempo y de la vida,
y en el fugaz transitar,
como agentes espaciales
donde los camaleones verdes,
esos que adornan las veredas,
vuelvan a cruzar las entreabiertas puertas
para dormitar, con placidez inalterable,
junto a los claveles rojos, marchitos o no,
que exhalan su frescor.

Meditabundos, sosegados
y esbeltos... mientras, yo
entreabro la puerta de mis versos...
al encuentro del primer camaleón verde
que se interponga en mi camino,
para exorcizarlo con la frescura de los claveles rojos
y continuar mi tránsito
entre el tiempo y la vida...
¡Así sea!

EN LAS CORNISAS DE LA MEMORIA

La lluvia cae,
arropada de esqueletos de míseras agonías
sobre las cornisas
de la memoria de la vida.

Mientras, yo corro
de un lado para otro
gritándote a media voz
entre la lluvia que cae:
¡No dudes,
que acá te espero!

Corriendo, a medio vivir,
te espero,
para que vueles alto
y puedas ganarle al viento
en sus embestidas atroces
y a los preceptos feroces,
más allá de la altura que tienen
las cornisas de la memoria de la vida.

CON LOS CORCELES DEL TIEMPO

Con los corceles del tiempo
he tratado de recorrer
una infinidad de bajas y altas
superciclónicas.

Lo he tratado.
Lo he sentido
en las entrañas
de los vientos
de mi vida.

Entre tempestades imprevistas,
no avisadas con antelación.

Pero sí un poco recurrentes.

Desapacibles.
Insultantes a veces,
he llevado a cabo
mi recorrido abordado.

También lo he logrado.
Porque lo he necesitado.

Con los aires
y los corceles del tiempo
he sabido
perder la paciencia.
Ignorando por épocas
las sutilezas de la vida.

He perdido y recobrado
la persistencia de mil maneras
en los ciclópeos sueños.

Con efímeras pesadillas.
Que me golpeaban en las mejillas
con un sinnúmero de falsos versos.
Con risueños ademanes
de ser pagados en creces.

He tratado...
con las tormentas del tiempo,
entre ventiscas y sirocos,
he sabido no desfallecer.

Me he levantado y decidido
a proseguir el camino,
sacudiendo la arenisca polizonte
que haya manchado

el entorno coloreado
de tantos prólogos maltrechos.

He tratado
los atenuantes de ese epílogo
que busco incesante,
presuroso y con fuerza.

Y que enigmáticamente
se balancea en un compás
que persigue
los acordes fugaces de querubines
y de cuanto ente celestial
ronda en mi camino.

Que traspasa siempre,
ineludiblemente,
los aires del tiempo.
Que me hace abalanzarme
hacia mis sagrados corceles.

Esos mismos aires
con los cuales lucho y quiero.

Esos mismos aires
que evito a veces
y que hacen
que poco a poco

me transporte con viveza
al encuentro del tiempo.

Ese tiempo
altivo y presuntuoso
que yace aún más allá
de este tiempo presente.

Envuelto en los aires.
En las brisas.
En los días.
Entre los nenúfares de mis tiempos.
En las circunferencias doradas
que adornan las estrellas
que sobrevuelan mis corceles
buscando los tiempos,
donde nacen y mueren
esos aires que siento;
entre ramajes de espinas ermitañas,
arropadas de crisantemos erguidos
ante los cánticos celestiales
de novatos arpistas.
Los que de golpe hallo
en mi ferviente avanzar
por esos caminos salpicados,
azotados,
embestidos...
inexorablemente a destiempo...

CON LOS CIERVOS DE LA INCERTIDUMBRE

Fragmentos de frases destrozadas
que abundan en las entrevías
de una memoria erguida
en el rescate de la tolerancia
y la placentera salvaguarda de esta.

A pesar de una gran incertidumbre
de los ciervos que deambulan
por el historial que no pasa de moda.

De ese rompecabezas,
genuino y auténtico,
que representan
esas frases despedazadas.

Que nadan.
Que flotan.
Que se sumergen y emergen
sin salvavidas a mano.

Y en la orilla, persiste
la incertidumbre de aquellos ciervos.

Son las expresiones desnudas
que quiero juntar
entre otoños dormidos,

entre primaveras desvalidas,
que se nutren de un cielo humillado
con una mudez ahorcada.

Expresiones, fragmentos de frases rotas
que quiero que vuelvan a renacer
con el sentimiento puro
del amor que existe
en cada palabra rota
de aquellos inviernos cálidos
de desventuras y de incertidumbres.

En el quiebre que permanece
en cada una de mis células,
en una memoria inmutable, infalible;
que se bate a duelo, día a día,
entre un Quijote, con las aspas
de molinos de recuerdos
que palpitan en el concebir
de los nenúfares
que guardo en las células
de los otoños dormidos,
las desvalidas primaveras
y los ciervos de la incertidumbre.

CON LOS SILENCIOS A CUESTAS

Silencios
que no despiertan
el olvido
de los enojos desposeídos,
de los enojos casi marchitos.

Silencios ausentes,
de un alma inmóvil
sin riquezas,
sin angustias,
sin melancolías pasajeras.

Con abundancias
tan extremas
de no callar,
por no poder
decirlo todo.

Con los silencios a cuestas
para no seguir
durmiendo
entre los sueños
que no despiertan
al Vulcano
de mis lentas pesadillas.

El silencio de las horas
nace con el minuto desesperado,
para no poder expresar
lo que en un segundo nació.

Silencios a cuestas
de las truhanes palabras
que se consumen,
sin alterarse,
en los pensamientos
de mis sonrisas.

Silencios a cuestas
que no podrán
borrar los olvidos
de mis recuerdos.

Silencios a cuestas,
soporíferos o no,
que nunca podrán atropellar
los tiempos sensatos,
los tiempos agridulces
de las rígidas memorias.

CON LOS ATAJOS QUE CONLLEVA LA VIDA

Con el alma en un puño, aferrado con una ferocidad que no es creíble y con el corazón palpitante por espontáneos senderos, por cerros desdibujados donde pastorea la escasa hierba que trata de revestirlos... voy acarreando la memoria. La memoria de gran parte de mi vida.

Con el vacío de la vida. Esos huecos, lagunas y charcos que no desperdician las memorias... ni al azar ni a voluntades exigidas; comparto mis caminatas con mis versos, con mis pulidas y barnizadas historias tratando de conseguir un atajo que me lleve a los estanques de los nenúfares. Ellos guardan, acumulan, en gran parte esos recuerdos de antaño.

Me encuentro con tallas soberbias, con cúspides requerimientos de grandezas, de desdenes. Pero, también, con el más puro amor que exhalo con la complicidad de los aires nuevos, de las brisas que colman la felicidad de la existencia.

Sendas de aventuras, de desventuras. Hazañas, sin catapultar tantas odiseas pasadas, remembranzas inolvidables. Que se presentan y se consumen entre el fragor de las herejías, que nunca faltan, de esas que ya perdieron sus almas entre las travesías de la propia vida, entre los altiplanos insondables, entre las soñadas memorias en los atajos realizados de la oportuna vida.

LO QUE NUNCA SE OLVIDA

Hay algo muy sutil y hondo
en volverse a mirar el camino andado...
El camino donde sin dejar huella,
se dejó la vida entera.

DULCE MARÍA LOYNAZ

Conocí una jauría humana,
bautizada de noblezas.
Confirmada
y con una extremaunción
aletargada;
insonorizadas con tristezas,
rodeadas de plebeyas situaciones.

Tapizadas, coloreadas,
con poderes de mentiras perversas.
Agitadas de desgarros
entre sordomudos de la indolencia.

Y que esculpí sobre ella,
sin sensatez desalmada,
la obra escultórica
con una belleza lisiada
de versos, de sentires
dentro de una generación maldecida.

Que clamaba por una apacible venganza
por otra jauría humana:
la de la fe deseada.

La jauría del contento.
La jauría que no atropellase
el amor sin condiciones.

Donde los besos fuesen caricias,
en unos labios no tan desolados.
Donde los besos
no fuesen tan secos para esgrimir
una esperanza boquiabierta,
desnutrida, incoherente,
desfallecida, a veces...
entre jaurías y plebeyos.

Una jauría desbordante,
donde los versos replicaran
los testimonios impolutos
de los sentires muertos.

Cadáveres incomprensibles.
Esqueletos de amarguras.

Desfallecientes quehaceres divinos
y magnánimos
que la primera jauría calló.

Esos versos de tiempos
dispuestos, siempre, a volar
sin ataduras,
sin oprobios,
sin desdenes,
sin prebendas.

Lo que nunca pretendía olvidar:
versos
con sabores a alma.

Versos
que no fuesen censurados.

Versos
que no ametrallaran mis manos
desde los inocuos deseos
de trasgredir
y de taladrar cerebros.

Esos versos
que pretendiesen fundirse
con el sol en luna nueva.
Y que atravesaran los confines
con la otra jauría
de exigentes voces.

Versos que intimaran
a ser escuchados
por sordas visiones,
por enérgicos impotentes,
por clérigos eutanásicos
que pudieran bautizarlos
con el color que ellos llevan.

Pero obispos y arzobispos
se fundieron en el cisma
del silencio convertido en hiedras
que clamaban con ferviente urgencia
el exorcismo rutinario
de un huracán de tristezas.

Con el aroma salpicado
de una armonía callada a gritos,
por una humanidad sin talas,
sin precursores leales
de indignos fieles.

Donde los ríos,
salvajes de piedras,
no lastimasen el horizonte
del nuevo sol de la mañana.

Esas han sido las jaurías en el tiempo
de los tiempos, que hoy
aún permanecen aullando.
Vociferando, sin ecos.

Donde mis versos
no pudieron ser masacrados.

Y, a pesar de todo,
las huellas que nunca dejaron
se estacionaron sobre los vientos
de esa gran jauría humana,
escapando de las bocas
de los lobos y secuaces
que todavía pernoctan
en las cuevas,
donde ya casi no existe
la dignidad de seres humanos...

TENGO POR MANOS

Tengo por manos duendes,
que se deslizan a tropel
con pesadillas de lujurias plenas,
desatadas e inequívocas
de un tanto escribidor sonriente,
apresurado y cierto.

Tengo decenas de vocablos
que siempre derraman amor
y que ya no es tan habitual
que muchos
puedan comprender
entre tantas mentes tecnificadas
con corazones sistematizados.
Teólogos de la insensibilidad.
que siguen siendo pasajeros.

Que no se postergan
ante disímiles tornados
de elocuencias desaparecidas,
inadvertidas realidades.

Pero a pesar de todo
y de todos,
todavía sigo
con mis manos duendes

manteniendo estables
esas pesadillas de mal de amores.

Con los desvelos inertes
ante las crueles realidades
de un mundo
que se somete
a una prístina demencia
y que yo,
renuente a estrechar lazos
con demasiadas
almas en penas
y gozosas de llanto
con espinales trémulas,
siento la inagotable necesidad
entre ser escribidor,
ser un hacedor de poemas,
y poder rasgar el hálito
de tantas especies
malhumoradas
con mis versos no dolientes.
Sonrientes siempre.
Con ánimos
de tanto amor
no desperdiciado,
con la misma fuerza
que imponen
nuestras manos duendes

al esgrimir
la infinidad
de sentimientos bellos;
cuasiefímeros para algunos,
tan latentes para otros
que ya, hoy,
se pierden para algunos
y que no enmudecen
para otros más.

OLORES DE LA POESÍA AL VUELO

Y rimando, perdido, por las sombras fantásticas,
tensaba los cordones, como si fueran liras,
de mis zapatos rotos, junto a mi corazón.

ARTHUR RIMBAUD

Cuando el vuelo del alma
se hace poesía,
volaré voraz...
Y mi alma surcará
entre las metrallas
de la erudita incomprensión.

Aunque mis alas sigan atadas
con los cordones corroídos
de los versos que se sumergen
entre las sombras fantásticas
de una vida hecha poema.

Esa, despiadada
e irreversible intolerancia,
que huele a muerte.

Que sangra,
que mata y que apesta
con las palabras emanadas

de los cerebros casi momificados
y que, a veces,
nos consume... a todos.

A todos, por igual.

Entonces, volará mi alma
entre susurros de dichas.
De desventuras. Igual de sonrisas.
Pero también
de realidades eternas.

Apagando los fuegos.
Desatando y rimando
los cordones tensos.

Sacudiendo los olores
de la intolerancia
de todo lo tolerante.
Y que, a veces,
me sigue oliendo a peste...
¡A peste de muerto vivo!

A muerte de incomprensiones.

A muerte de sueños.
A risas de insomnios.

Sueños malogrados.
Eternamente despreciados.
Saturados de ironías.
De colores traficados,
cada vez que, al vuelo, el alma
se hace, siempre, poesía.

Porque la poesía
huele al alma de los versos
nunca trasquilados,
nunca inmolados, nunca falsificados.
¡Siempre oliendo
a eternidad derramada!

SOLLOZOS DEL ALMA

Indelebles y taciturnos
son los sollozos de las almas
y la de estos versos
no cansados
y recurrentes.
Esgrimidos
hasta el cansancio.

Entre el sopor del aliento
de las turquesas
que embriagan,
casi siempre,
el corazón de los dedos,
y que exaltan las memorias
de todos aquellos
que no vociferan pasiones.

De todos aquellos sentires
que, una y mil veces, expongo
y que lanzo a los aires
hasta vencer al cansancio
en sus travesías
con tantos
versos no cansados.

LAS HUELLAS DE UN UNICORNIO

Tengo unas huellas clavadas
de un unicornio de mi infancia.
Entre la garganta y el pecho.
Entre las sienes y el alma.

Tantas huellas clavadas
que ni los clavos del Nazareno
me producen
tanto enredo, tanto dolor.

Tan atemorizadas
parecen estar,
entre sentires, esas huellas;
pues a pesar
de estar tan libres
se han fundido tanto
en las mismísimas entrañas
de mis vuelos.

Vuelos
que no han logrado
que, desde la garganta
hasta el pecho,
sigan tantas veces
el rastro de las huellas clavadas.

¡Solo
han dejado huellas
en el alma
y en estos papeles
donde hoy escribo!

SILENCIOS EBRIOS DE EMOCIONES

Las palabras se arrastran.
Vociferan a veces,
gimientes, sonoras,
perpetuas a veces.

Hay silencios,
pasiones, aventuras y desventuras
que embriagan la vida
con disímiles sabores,
hasta embriagarnos,
destruirnos o levantarnos.

Con una premeditación osada
que manifiesta el placer
de hacer resonar
sin ecos escurridizos
el sentir de su existir.

Entre confesiones,
comulgar
y la extremaunción
de las mismas,
seducen
y se bañan
en aguas de rosas
con las más puras

y delicadas emociones
de su existencia.

Entre silencios que embriagan la vida.

Por etapas, se convierten
en un dolor que resulta
al traspasar los muros
de los geranios secos.

Las palabras crujen
en los desiertos
de la desorientación.

Las palabras extirpan,
ferozmente,
los dulces goces sublimes.
Con fanfarrias utópicas,
resuenan entre la ebriedad de la vida
las verdades encerradas
en el holocausto excomulgado
de un clamor maniatado.

Esas palabras enmudecen,
en ocasiones,
entre claveles de desesperación
y que a veces se agigantan
sin inmolarse apenas.

Como duendes alados
por ángeles silvestres,
que recorren los caminos
donde en algún momento
me las he encontrado.

Donde en algún tiempo
las he escuchado.

Cuántos desvíos,
en el certero predecir
del florecer de las suplencias
de un retoño redimido.

Entre horóscopos diluidos.
Entre súplicas de crisantemos
de enormes,
afilados,
destellantes
y sagaces lenguas
que, en sus apetecibles clamores,
expulsan a los vientos
los sentires abrumadores,
los sentires de las palabras.

Entre los silencios ebrios de la vida.

Que saltan en creces
los muros de los silencios.
Los muros
de las bendiciones aplazadas.
Entre los conjuros de voces
que se retuercen
sin piedad alguna
ante los acallamientos,
por muchas veces,
de tantísimas voces más
que susurran, que castigan,
al traspasar las tapias
de las palabras ecuestres.

Escarbando sin ocios.
Con valentía suprema,
los sentires aferrados
como hiedras ciclónicas,
temperamentales y férreas.

Palabras trasgresoras
de los muros de los silencios...
que se sienten, respiran y viven
en los silencios ebrios de la vida.

LA DANZA DE LOS BESOS NO DADOS

En el filo del día y el solsticio
baila riendo su cabal despojo.
Lo que avientan sus brazos en el mundo
que ama y detesta, que sonríe y mata...

GABRIELA MISTRAL
La bailarina

Duelen los besos,
que bailan en la desesperación constante
cuando nunca se han dado.
Las afirmaciones no dichas
que se quebraron al andar duelen.

Hasta duelen muy fuertes los dolores
de los dolores infligidos
mientras se danza
con la desesperación
de unos versos no dados.

En la danza con las promesas.
Con los besos bien plantados.
Con la poesía tan atiborrada.
En la danza de los besos no dados.

Se alivian cuando se ama y se detestan
los malestares musicales
durante casi todos los solsticios de la vida,
encadenados a la danza y a la música,
también, no bien escuchadas.

Los versos que se han escrito
cuando se ha amado, se ha detestado;
cuando se ha sonreído
y se han profanado lágrimas
después de una partida...
Todo eso hace gemir, sin dolor
o con dolor necesario,
esos versos tan íntimamente escritos.

Y callamos, en el danzar de la vida,
pretendiendo que no nos duela
lo que se dijo hasta con el pensamiento.

Se dice, a plenitud, en medio de una danza,
aunque duela, aunque lacere las entrañas,
lo que nunca pudo llegar a un corazón herido.

Lo que espera, todavía, con hosquedad callada.

Esos versos que hoy se lanzan
entre una ronda divina y nueva.

Donde yace la alegría, los suspiros,
de aquellos dolidos besos.
De los besos nunca dados
y que se mueven en los aires,
con los compases eternales
como poemas bien dados.

EN DIÁLOGO CON MI VERDE LUNA

Cuando sale la luna se pierden las campanas
y aparecen las sendas impenetrables.
Cuando sale la luna,
el mar cubre la tierra
y el corazón se siente isla
en el infinito.

FEDERICO GARCÍA LORCA

Te he venido mirando desde mi nacimiento.
En momentos de desolación.
En momentos de casi ausencia de esperanza,
con la renuencia a las palabras del desorden.

Y tú con tu imperecedera
y tu ecuánime figura
has sabido hablarme
con tu voz
de tanta agraciada luz.

Esa luz que he guardado siempre
en los bolsillos de mi imaginación.

He aprendido,
mirándote cada noche:
«que la razón

a pesar de tener uñas,
a veces
se divorcia del corazón».
Lo dijo el poeta. Lo repito,
aunque no sea poeta
como lo fue él.

Y «el corazón,
aunque quede ensombrecido,
me ilumine el alma
con los destellos guardados
de la última mirada a la luna».

Eso, también, he aprendido.

Que, al morir tu plenilunio,
las mariposas sean guiadas
por las luces de las luciérnagas
en la búsqueda, perpetua,
de la esperanza
por encontrar la verdadera luz.

Para evitar que se extravíen sus vuelos
en los caminos de los arcoíris de la vida.

En el diálogo contigo,
te he seguido observando,
mi verde luna,

desde diversos puntos cardinales
donde me he hallado.

Y, siempre,
con los mismos deseos:
que nunca te hagas sombra
en el hemisferio de mi existencia.

Mi vida
ha sido bañada con tu eterna luz.
Con tu luz me han llegado
las inspiraciones más disímiles
para la creación de mis obras.
Cuando emerges en tu escenario,
no escucho campanas
y ese infinito donde habitas
lo hago mío,
¡con latidos de océanos
en mi propio corazón,
que de tan soberbio y mustio
se ha hecho trizas
de un solo tirón!

EL PODER DE UNA MIRADA

Con unos tartamudos ojos
que aplacan los silencios
con consabidos vocablos,
precisos, exactos, ecuánimes;
alcanzo a aferrarme
a irrefutables frases
para hacer brotar
de una boca vidente
el poder de la mirada
¡con que los nenúfares me miran!

¡Con el resplandor maravilloso
de la luna en mis versos!

Con la letanía de miles de poemas
que les cantan a los poderes
a través de una mirada y unos poemas.

ADAGIO PARA LA OTRA VIDA

Hacia el otro lado del atardecer
me encontraré
con la esperanza infalible
de poder hallar
el camino hacia otra vida.

Aunque el sol, la luna y los astros
se confabulen lastimeramente
en un enigmático multieclipse,
casi eterno, casi místico;
podré intentar descubrir las pisadas
de los fieles recuerdos.

Ellos me guían, me conducen
hacia la morada verde:
sin el diario camuflaje
de la vida misma.

Y desde ese atardecer, estando libre,
gozando a plenitud
de los destellos azul marino,
abrazaré a esta otra vida
para juntos deambular
por los caminos
del ya nunca más atardecer.

LO PERPLEJO

La perplejidad de la humanidad
se borra en las perspicacias
de las narraciones habituales,
en los oídos inconclusos
de nuestros seres humanos.

Que se desesperan,
día a día,
minuto a minuto,
en tratar de comprender
la perplejidad
de los eventos rutinarios
de este mundo.

¡Qué manera más evocada
de tanta perplejidad humana!

MEDITACIONES

El tiempo
y la memoria
crecen como poesías.
Huelen a poesías frescas.
Se esparcen como polen
en la inmensidad de un universo.

Vivirán
y morirán,
con los sabores indelebles.

Eternamente, sin fechas,
en el devenir de los años
y de los siglos...
las poesías habitarán
en el tiempo y sus memorias.

EN EL CREPÚSCULO DE LAS HORAS DESAPARECIDAS

A mi padre,
que siempre sigue siendo,
desde otra dimensión,
el polizonte de mis memorias.

Vuelan las libélulas,
como polizontes ecuestres.

Saltarinas y anhelantes.

Que paseantes,
sobre las enraizadas olas
de los abismos estériles,
comulgan en ciertos tramos
con la inusual melodía
de las horas perdidas.

Parapetadas con bríos,
las libélulas de mi imaginación
se sientan
en las alas
de las mariposas
de la no imaginación.

Las que nunca conjeturan
la sobriedad y el encanto
que profesan en sus vuelos.

Y, en sus vuelos,
aparecen
las mariposas humildes.
Con vestimentas doradas.
Que transmiten la fecundidad
en sus imparciales viajes.

Ante el sentir estrepitoso
de los regidores tiempos,
que a veces se desvanecen
en los segundos melancólicos.

Mariposas que recorren,
sin zozobras, los valles fértiles
entre las supremacías dignas
de los plañideros vientos.

Esos insondables parajes
con murmullos
que enaltecen
a los sabios tiempos.

Esos tiempos que perduran
entre la fragilidad

y los desdenes
de las horas,
de los días,
de los asintomáticos tiempos.

Planicies soñadoras.
Valles circundados de sepias fotos.
Donde ronda, a cada instante,
un polizonte reencarnado
en un colibrí de colores egregios.

Donde las abejas laboriosas
transportan los versos
desde sus incólumes púlpitos.
Donde la miel se hace queja
de sus panales de lujurias vivas.

Que iluminan las guaridas,
donde se mutan los ermitaños
que ansían las patrias perdidas.

Que hilvanan tesoros desfallecidos.
Que destilan el sabor en las celdas
de sus austeras colmenas.
Sin ser prisioneras,
sin ser vagabundas
en ese sabor
que subliman sus celdas.

Sin patrias ni amos.
Sin enojos, sin angustias.
Sin acongojados rencores.

Preservando perímetros,
pacificadores, férreos;
en los inequívocos tiempos.

Donde el crepúsculo
de la aurora mancillada
se defiende a trotes
de las horas perdidas,
de las horas acumuladas
en los tiempos acontecidos.

Tiempos que se esperan.
Donde pueda caer el maná
de las virtudes diestras, yacientes.

Que se mutilan
y se mutan, cada día,
durante el amanecer,
durante el crepúsculo
de las horas perdidas.

En una simbiosis de vuelos
y en una clarinada
de impolutos,

devoradores
y estoicos sueños.

Sueños, en los crepúsculos
de las horas perdidas,
entre luciérnagas,
colmenas y parias
¡deseando patrias!
¡Deseando clamores
de tantos tiempos postergados!

¡Creo que ya recupero
las horas perdidas de los crepúsculos
que pudieran enturbiar el tiempo
de los relojes que ya no uso!

EL RENACER DE TIEMPOS

Sílabas:
maduran en las frentes,
florecen en las bocas.
Sus raíces
beben noche, comen luz.

OCTAVIO PAZ

Las raíces de los tiempos
se me clavan con furia exacerbada.
Sigilosamente, indolentemente.

Voraz e intransigente
como nenúfares enfurecidos.
A la vez que apacibles.

Con sus graves derechos
de una pecadora misericordia,
con su tan estoica memoria.

De los ayeres,
convertidos en los mañanas.

De los futuros que encolerizan
a los milagros

ante tanta madurez ciclónica
con la insegura tentación del tiempo.

Entre sílabas y más sílabas
de misericordes tiempos.

Ese tiempo,
con el que he jugado
en festivales de orgías versadas.

Ese tiempo,
desmedido y altanero,
deshecho
y encarecidamente titánico.

Sembrados, florecidos,
espigados de hallazgos indelebles.
Escribiendo sobre las autobiografías
de mis manos, ya no atadas.

Versos sumergidos,
inundados de tsunamis postreros
de hoy,
de ayer,
tal vez de mañana.

Poemas borrados.
Ignorados.

Rechazados.
Con versos deslumbrantes
en los organismos sublimes
de mis dedos responsables.

Versos de tiempos no obsoletos.
A veces hirientes.
Muchos majestuosos,
sin ningún temor
a la decoloración
de la germinación de las palabras.

Esa solemne y asombrosa
sustancia mágica: mi carga.

Esas, que se han adherido
sin compasión alguna
infestada de los sabores fértiles.
Con los divinos quehaceres
de los aprendices en boga.
Con motivaciones de mil vocabularios.
Aquellas que se autoproclaman,
eufóricas de egolatría sublime
como los misereres
de la sabiduría eterna.

Esos tiempos,
esas motivaciones, que han sido
los Sísifo que se esfuerzan
en las escaladas a las cimas
con sus verdades hirientes.

Las lloronas que se entremezclan,
en dulces susurros.
Entre sílabas de tiempos.
Entre las quebradizas calaveras
que muestran sus órbitas
tan desarrolladas
de tanto mirar... y de tanto odiar.

De tanto no poder susurrar...
De tanto observar crueldades.
De tanto sentir sensaciones.

Las que se han vertido tantas veces.
Tantísimas veces,
sobre las raíces de estos tiempos.

De invidentes léxicos apócrifos.
Tiempos de palabras
tan desventurados.
Tan aventurados, muchas veces.
Tan eximios, de igual manera.

Tan disímiles de comprender
como esos ayeres
que han trasladado sus luces
después de plenilunios errantes.

Posteriormente a los eclipses transitorios.

Y aún, esas raíces de los tiempos
viajan en el ensordecedor eco
del presente germinado
de las sílabas de las palabras.

Con los versos
que se mantienen naufragando,
sin necesidad de salvavidas.

Que resucitan cada día.
Que no pierden sus colores.
Que no dejan de exhalar
el perfume grandilocuente
de un mismo sentimiento.

Que no se ahogan
con los tiempos vencidos.
Que se mantienen clavadas
en las lenguas, siempre.

Dispuestas a explosionar
en un universo
de ecuestres hacedores.

De oidores,
de una santa preservación
por la resurrección constante
de las afirmaciones acertadas.

Y que han sido secuestradas
por una sordera humana
del destiempo furibundo de los tiempos.

La de estos tiempos atroces.

Aunque reine
el desorden de las palabras.
Aunque gobierne el malestar taciturno
del esplendor imperceptible.

Con sus migajas de la videncia.
De un mundo en que, a pesar
de la mudez de sordomudos,
las raíces de esas palabras
vivificantes y esperanzadoras
reviven sus raíces
a través de las memorias.

Con mis anhelantes deseos.
A través de la vida.
A través de la memoria.

Con las motivaciones fortuitas.
Con las exageradas muestras
de esas palabras,
que exhalo,
que retumban,
que mueren,
que renacen,
que jamás se extinguen...

Sílabas, palabras, versos.
Sedientas de luz,
con mis anhelantes
¡raíces grandilocuentes de los tiempos!

EN EL SILENCIO DE UNA ESPERA

En el silencio, colmado de embelesos,
y en todos esos minutos disipados
donde se acrecienta
un remolino de inquietudes,
logro ver tu contorno de Semíramis.

En el desorden de una mente de avaricia
por tenerte y dibujarte con mis dedos
se confunde, en una mezcla de impotencia
por tenerte entre mis brazos.

E, indubitablemente,
te extraño mucho más.

En el silencio
de considerables horas de espera,
malgastando
medianoches con tu ausencia,
solo me queda la posibilidad
de abrazarte con mis versos.
De tenerte en mis pensamientos.

De susurrarle a la imagen desdibujada,
por el tiempo de ausencia
que navega

en la profundidad de mi corazón;
tratando,
entre silencios de espera,
que un torrente repentino
no haga naufragar
con los eximios abrazos desde la distancia...
Y aún te siento más.
Aún te glorifico más.
Todavía te amo más,
asintiendo,
sin estrépitos de cordura,
que este silencio transcurra,
agitadamente, con tu espera.

CON MIS VERSOS ERRANTES

Hay algunos que nacen, otros crecen, otros mueren,
y otros que nacen y no mueren,
y otros, que, sin haber nacido, mueren,
y otros que no nacen ni mueren (son los otros).

CÉSAR VALLEJO

Me complace caminar
en la espesura de las palabras.
Por eso
siempre voy
entre las rondas de la Pachamama.
Buscando señales amoldadas de sinceridad
entre cualquier sonrisa escurridiza
a pesar de un clímax de fatiga
hacia la gran penumbra del atardecer.

Me gusta soñar
con arcoíris de lluvias de verdades.

Con truenos de melodías
que exacerben a los no bien nacidos.

Gozo, sin culparme, por callar
cuando se alborotan los abejorros

resguardados de pensamientos grises,
irritantes y bulliciosos.

Con mis versos errantes,
me place bailar
en el compás del ruido que profiere el trueno
y que hace iluminar, sin ningún rayo,
el horizonte de versos
que hilvanan implícitamente
las palabras erráticas sometidas al azar,
con un esmero sentir y con tanta verdad.

Cuando troto entre apacibles veredas
que bordean las magnolias sonrientes,
pacto con el olvido
de los embarazosos tropiezos
que infinidad de veces he enfrentado
y que aún sigo encontrando
a pesar del destiempo de los tiempos exonerados.

Con mis versos errantes,
es la antípoda de los eternos migrantes.

A pesar de todo, siempre cargo,
echando a cuestas conmigo
mis sentimientos,
mis verdades, mis sueños,
censurados o no;

como un manantial de ideas cristalinas,
escarbando de ellas el contaminante lodo
para que no enturbie la razón
del cometido con que ellos brota.

Con ese caudal, a manos llenas,
esbozo una sonrisa.
Haciendo que esas aguas
arrastren mis versos errantes
con mi corazón de amuleto,
portando mi alma por segura compañía.

Con mis palabras vibrantes.
Con mis versos altisonantes
que también se han convertido en navegantes.
Intrépidos, sagaces, malcriados, censurables;
pero fieles polizontes de una vida
de palabras nómadas.

Con este manantial, con estas ilusiones,
protegiendo las raíces de los que aún por nacer están,
y con este corazón, voy y vengo,
salgo y entro en los mágicos caminos
de las entrañas de la tierra bendecida.

Hago zambullidas en esta larga carrera
que nos proporciona la vida
entre taciturnos ególatras

que desperdician cada
mirada mágica hacia la luna.

A través de largos vuelos
sigo siendo un traficante de alegrías,
un soñador incorregible de tintas indelebles.

Un hacedor de vocablos.

Saturados de estíos de entusiasmo,
renovando el cada vivir, entre los unos y los otros,
con las experiencias robadas a los tiempos,
desde puentes malogrados
hasta sinuosas veredas.
Desde amplias avenidas
hasta intransitables callejuelas,
sin perder el vuelo exacto
de la esencia de la vida...

Sobrevolando sobre los cementerios renegados,
que serán nuestras últimas moradas.
Esos vuelos que sostienen mis versos.
Poemas, palabras, versos
que exhalan sus sentires, sus sentidos,
y como levantes eternos
retoñan sin ninguna necesidad de una alborada nueva,
y que saben lograr el cometido de sus largos vuelos
sobre toda esta tierra rociada de tantos dictados,

de tantísimas palabras buenas.
Consciente, siempre, como simientes eternas
para que puedan germinar
y logren su afán y puedan perpetuarse,
aunque sean vagabundos...
mis añorados versos errantes,
¡a pesar de sus cíclicos y eternos vuelos!

PINTURA EN BLANCO Y NEGRO

Planto en un capitel
de bellas filigranas
los recuerdos acaecidos
del transitar por mi memoria.

Sobre una sombra,
marchita de miradas
y con una lluvia
de intensos y fuertes colores,
con énfasis me embarco
en tan pictórica tarea.

Y Picasso,
desde su lejanía dimensional,
hace que riegue
con los colores ingrávidos,
con una sutileza
amalgamada de ilusiones
y con feroz encanto
la cornisa de bellas filigranas
donde perdurarán mis recuerdos
antes de que ellos
puedan marcharse
con la memoria
a la dimensión futura
donde transitarán...

REFLEXIONES EN LOS TIEMPOS

El silencio de las horas
nace con el minuto desesperado
de no poder expresar
lo que en un segundo nació.

La vida es como un cactus.
Muchos pasan sedientos
sus largas temporadas de existencia.
Otros florecen,
entre la sequedad reinante.

Ese es el palpitar,
intransigente, devorador y audaz,
de los tiempos
que nos hacen vivir.

Los estornudos
de las mariposas ecuestres
y migrantes
nos avisan
que un nuevo tiempo
está por arribar.

Las lágrimas
desperdician agua.

Las sonrisas
desbordan alegrías.
El amor
te hace bueno,
tonto, infiel
o amoroso irremediablemente.

La vida
es un grano de polen en el tiempo.
Cuando llega una abeja,
lo arrebata con furia.
Lo lleva hasta la colmena
de la eternidad.

Sembrarán estrellas
que parirán nuevos caminos,
con las alas del devenir
de los nuevos tiempos
que han de venir.

Lo que una mariposa
de mil colores
le aseveró a una flor:
«El ingenio, con la astucia,
con la sagacidad de la voluntad
y la perseverancia
en mis vuelos,
ni una gota de agua,

en su lento caer,
me impedirá volar
aunque mis alas
sean dañadas».

El hechizo de las soledades
se abraza
con las caricias
en los claustros
impostergables
de la vida.

Dudo, callo.
Pregunto y no respondo.
Escribo,
con la música
que el pentagrama
exige.

Y exijo
que en la partitura de la vida
todas sean, por igual,
blancas y negras letras;
no confundidas
en la melodía inicial
de los versos creados.

Que hasta Marte lleguen
las angustias de un querer,
plasmadas en los versos
que con tanta ternura
los hago
para que envuelvan
tu querer.

HUELLAS

Te dejo el rastro
de mis huellas hendidas
en el desierto camino,
que adelantado
he descubierto.

¡No sé si podrás seguirlo
o encontrarlo
y cubrir mis huellas!

EN EL ETERNO DANZAR DE LA VIDA

Mi verso es de un verde claro
y de un carmín encendido.
Mi verso es un ciervo herido
que busca en el monte amparo.

JOSÉ MARTÍ

Al lograr escribir con mi alma,
con los dedos desgarrados
al esgrimir tanta odisea
casi olvidada, amada, odiada;
erosionada por el paso
de la incredulidad de los tiempos,
almaceno los trozos del rompecabezas
de la distancia que el vuelo casi cercenó.

Al lograr escribir con el alma,
con el sudor amargo, con agrios colores,
con sugestiones inanimadas;
he ido atravesando, volando
con alas de colibríes que se hicieron gigantes
sobrevolando meridianos insólitos
de incomprensiones sutiles.
Y la amada, que no pudo volar,
quedó suspendida en su tiempo
a la espera de una variación en el tiempo.

He ido atravesando paralelos
con insinuaciones infértiles,
cargando sin agobios, sin descontentos,
con altivez y orgullo
todo aquello que casi siempre
se ha podido comprender
del sabor de la azúcar amarga,
de una sal carcomida
por la ferocidad intransigente, trasgresora
y de una infinidad de especies mutantes
que se vanaglorian con el sentir casi extinto
de la ira danzante de una colmena en harapos
sojuzgada, pero no desmemoriada,
ante los ojos sordos y los oídos inválidos
de muchedumbres de panales
que juzgan y deshacen...
que opinan y que no son laboriosos en nada...

Los vuelos me han dado el valor
de seguir la aventura,
de vivir la esperanza,
de conocer el sentir humano.

Con los vuelos he sabido conocer
los personajes que no se ocultan
entre las tardías nubes de la creación,
entre el desliz frenético de palabras,
donde se deslizan, flotando,

sin lastimeras poses conventuales
por millares de caminos,
entre travesuras al vuelo
donde el caminante que se lo proponga
hace camino al andar.

Entre coplas y coplas lisonjeras de Lorca,
entre algarabías de nostalgias épicas;
bajo una luna con su mirada tierna
con un sentimiento vertido de Neruda,
el buen decir de Machado,
entre melancolías de Hernández,
del sentir de Vallejo al sentenciar
que Dios estuvo enfermo el día en que nació.

Y de aquel otro ser
que sin mirar hacia atrás
no se quita el polvo del camino
e intenta proseguir hacia adelante
con su pluma estoica derramando
versos inmortales
que se trasladan de una dimensión a otra,
caminando hacia el sublime astro
queriendo consumar su propia profecía
de poder morir de cara al sol...

Mientras, nos daremos las manos...
Y danzaremos...
en una danza matizada de dulzura,
con la enérgica sonrisa a pesar de soledades,
con el sentir perpetuo que otros no conocen,
con la gracia inusitada de miles de motivos,
que lanzaron a los vientos
para una añorada eternidad
los versos más elocuentes
que jamás se hayan podido escribir
y que eternamente resuenan
en el recorrido de todo caminante insaciable
en el inacabable transitar
¡con el danzar vertiginoso de la vida!

AD LIBITUM

El insomnio es un arcoíris
de sueños perdidos.
Ningún mago
lo podrá rescatar.

Desde la penumbra del olvido
se escuchan
los cantos de sirenas
de mis sueños perdidos,
que la magia
los encuentra
entre los nenúfares
de los tiempos.

La ilusión viaja
en alas de la eternidad.

Entre demoníacos seres,
atados a las pasiones irreales,
crucificados en el dogma
de la penitencia exasperante
de la no existencia
de bula humana.

SENTENCIAS

Se deshizo en mis manos
el furor de la ignominia.
Para desclavar con pujanza
los tristes arrebatos
de los agresores libertinos.

Esos que presumen
con truhanes palabras.

Que sepultan
los tiempos
en sus ecos
de la sinrazón.

LO QUE SIENTO

A veces, siento
no calzar los zapatos
de mis andanzas bíblicas.
Recorriendo, con poesía,
los babilónicos senderos
de los tiempos que han procurado
el poder andar sin frenos quebradizos.

Pero existen otras veces,
saberlos calzar
con una gran facilidad.

Y emprendo la ruta
del transitar de las memorias
y del bregar con la inocencia
de las irónicas desventuras,
que se ciernen sobre los caminos
con el poder en la fuerza
del caminar descalzo,
aunque calzado de remembranzas...
Tantas veces, en mi camino.

EN MI ANDAR

Trataré de andar,
de jugar con la vida
en el camino,
mientras recorro con mi reliquia
la enajenación placentera
de una síntesis armoniosa
y delirante de inquietudes.

Entre posdatas de noblezas.

Donde la ausencia de los faraones
y las crisálidas de los tiempos
se envuelven
entre las areniscas errantes
de los oasis
que mueren con los tiempos.

Entre enjambres
de crueldades lastimeras...
Entre derrumbes humanos.
Entre perjurios ardientes
que luchan sin treguas
entre verdades y mitómanos.

Mientras, dejo vestigios
en el camino,
porque cuando se ha conocido la tristeza
las sonrisas tienen
el olor de la alegría desposeída;
donde su velocidad
tiene patas de ciempiés alborotados...

A UN POETA QUE VIVE EN OTRA DIMENSIÓN

Casi desnuda,
semideshecha de razones,
está la memoria de lo inhibido.

De lo sutil, de lo latente.
A pedacitos,
recibo inspiraciones
que se agigantan
con el sentir que desbordo
cuando esos pedacitos
los reúno y esbozo
una partitura de letras.

De un malestar, tan malquerido por años,
que se ahoga
por continuar dictando sonetos.
Por escudriñar frases.

Y de soltar a los aires
los versos no apagados
por el tiro de gracia, dado
a un corazón maltrecho...

Tan náufrago de vocear
lo doliente de un vivir.

Era una voz que se apagaba
con el toser de ese tiro de gracia...
con las entrañas ecuestres,
para poder convertirse
en una leyenda del tiempo.

LO QUE EMERGE DEL CORAZÓN

Las ideas conforman
un archipiélago en mi memoria.
Los sentires
no se reducen
a continentes extraños.

El corazón, como el alma,
no tiene límites.

Mientras,
el amor
se expande
entre los nenúfares de los tiempos
hasta la brillantez imperecedera
de los cielos inertes.

Sentires agazapados
que se revuelven
entre la calma
de los soles de mis ancestros.

Sentires que,
en infinidad de veces,
guardé adentro
de los bolsillos no huecos.
Zurcidos por la inclemencia de la vida.

CANTANTE DE VERSOS CON LOS NENÚFARES CONFIDENTES DE LA MEMORIA

I

Qué oscura sería la vida
si no existiera la luz de una sonrisa.
Tantos milagros,
desventuras
y condenas
se han proveído,
de insinuaciones extremas,
a las sonrisas
de los nenúfares,
que puedo verlos
sin pena alguna.

II

En un camino,
una piedra vi rodar.

En ella se iban
las angustias
de un mal querer.

Desdichas
que ya nunca más
regresarán
por el camino
donde las vi rodar.

III

Lo que escribo sale del alma.
Con olor y color.
Para transfigurarse
en agradables caricias.

Caricias
que llenen de sentires
los ojos de
cualquier corazón.

IV

La vida no es miedo.
La sonrisa no me produce miedo.
La vida encierra el placer constante
de vivir a tiempos.

Vivir sin temor al miedo.

Vivir entre risas
es el bálsamo insaciable
de la alegría y las ansias.

Del decapitar de las angustias.
Del declinar de los lamentos.

De sollozar, a veces,
con las sonrisas
cernidas
por escudos y mazos
de gladiadores furtivos.

Sin el corazón de aprendiz.
Día a día.
Minuto tras minuto.

Con los espacios de tiempos.
Sin el desdén rutinario
del aprendizaje que conlleva
el enorme placer
de seguir viviendo,
sin el más mínimo temor
de una sonrisa.

V

Esta vida se hace
de puros intentos.

Con la intensidad latente
en el intentar viviendo.

La vida se hace
y se proclama con la tenencia
de miles de sueños.

Al tener tantos empeños.
Al tener tanta fuerza.
Al tener tanta esperanza
en esos intentos.

Intentos que emergen
de la caracola más profunda,
de un alma dibujada
de disímiles tiempos.

VI

Los silencios
no podrán borrar
los olvidos temporales
de mis memorias.

Esos silencios no podrán atropellar
los tiempos
tan heredados
de mis presentes memorias.

Los silencios hacen ruido,
con sonidos de arcoíris.
Estos se manifiestan
con sus colores sin ruidos.

VII

La candidez de los verbos
que se conjugan
en la oscuridad
de una luz interna,
de mi propia vida,
no pueden ser borrados
ni por escasos segundos.

Estos necesitan conjugarse
con la plenitud imparcial
donde esa la luz nos ampare.

Eximia y no doliente,
inconfundible, sosegada y libre.

VIII

Anteceden
palabras que callan.
Concurren los silencios
que matan.

Hay tiempos que pasan.

Y que no lesionan
las palabras heredadas
para poder callar esos silencios.

Exterminios en masa
de indudables pesares.
Holocaustos de sueños
esfumados en muchedumbre semihumana.

IX

De nuestros tropiezos en la vida
emergen las sonrisas eternas.

De la hierba mojada
se nutre,
crece
y respira
el olor
de la valentía.

El coraje del impulsar
hacia adelante
el ardor
de un tiempo
antes de que este
se desvanezca.

La confianza depositada
en el tiempo
de los tiempos sesgados.

En el ardor
que las lumbres
no apaguen
la silueta de mi tiempo.

X

Los cipreses enmudecen
ante el odio de los malos vientos.

Mientras,
los abedules gimen,
con ternura e impotencia,
ante los despiadados vientos
que pretenden cercenar
las ramas de una vida buena.

¡Qué elocuente tedio
entre el viento y la vida!
¡Entre la ternura y la vida!

XI

La telaraña
de los tiempos mudos
agiganta el ímpetu
para cobijarse sin remedio
ante la conquista
de otros tiempos.

Tartamudos... y voraces.

¡Al acecho avizor
de unos bolsillos silentes!

XII

Hay palabras
que callan.
Hay muchos silencios
que matan.
¡Confiesan los pecados
de la insensatez de ternuras,
de mordaces parabienes,
de traiciones insepultas!

¡Cubrid las sepulturas!

XIII

Los olmos gimotean
con apego
ante la magnificencia divina
del orador, apuesto.

El erudito que lanza
expresiones de amargura
en el transitar imponderable

entre las rebuscadas
hojas muertas.

El hacedor de vocablos
que emite sus expresiones
con alegrías
inconmensurables
entre la hojarasca
siempre viva.

XIV

La candidez de los verbos
en la oscuridad
no puede subsistir.

Necesitan
conjugarse
donde haya
la claridad del saber.

Donde la luz se multiplique
en sinfonías de épocas.

XV

De los tropiezos en la vida
emergen,
entre ilusiones,
mis sonrisas eternas.

Sonrisas
que han sido ametralladas
por volcanes hirientes,
con miradas malolientes.

XVI

Que las sonrisas sean
los pétalos
de las lágrimas
sin derramar.

Que la vida sea
una cantante al desdén.

Del despotismo acertado,
de unas lágrimas
derramadas,
recubiertas de muecas sanas.

XVII

Lo que escribo sale del alma
con olor y color.

Se transforma
en agradables caricias.

Esas
que llenan de sentires
los ojos del corazón.

XVIII

La mudez desorbita
las bocas mustias
en las ausencias perpetuas
del poder de las palabras sensatas.

¡Qué insensatez maléfica
que alberga la vida!

XIX

Las palabras
que derrocho en versos
viven la locuacidad
de mis sentires.

A menudo mis manos,
con mis dedos justicieros,
se convierten en manicomios
de creaciones infinitas.

¡Cuánta locura y ventura
maniatadas en unos versos!

XX

Quizá, mis versos
no puedan volar a plenitud
en estos tiempos
de sutiles necedades.

Ellos lo harán,
tal vez,
en otros tiempos.

Esos tiempos
que deberán revelarse
cuando los decires
sean más profundos.

¡Donde sean más elocuentes!

PROVERBIO DE UN NENÚFAR DEL ANTIGUO NILO

La angustia se mata
con el consuelo
en la confianza
de la suprema esperanza.

VERSOS LIBRES EN UNA TARDE PLACENTERA

La soledad se sumerge
en una tarde, sin agonía.

El amor florece
en el jarrón en la esquina
del salón de mis memorias.

Los rencores que talan
la piel encolerizada
por una huida no anticipada
se atemorizan
ante la lluvia
que con fuerza cae
en la habitación del desvelo.

La elegancia
con que se tratan los desamores
solo calma
la ansiedad
con que se viste a un poema.

Se cierran las sepulturas
de los histriónicos gestos
de los poetas
que atan
los sueños

al pie del cadalso
de extensas
páginas blancas.

MI AMOR PEREGRINO

Sigue, sigue adelante y no regreses,
fiel hasta el fin del camino y tu vida.
Tus pies sobre la tierra antes no hollada.
Tus ojos frente a lo antes nunca visto.

LUIS CERNUDA
Peregrino

En mi prontitud al caminar
durante mi peregrinar,
desde acá hasta un no sé dónde ir,
en todo mi sentir, en mi vivir,
el amor ha estado siempre;
aunque se presenten
extáticas y refulgentes
las ausencias
predestinadas con anticipación
ante pensamientos
malévolos y locuaces,
desde un ir desde aquí
hasta un no sé dónde más ir.

El amor... ese sentir eterno...
donde buscamos refugio,
como principiantes eternos en la vida,
como principiante he sido

de ese amor a la vida,
de ese amor a la tierra,
de ese amor a todo lo que me rodea,
a todo lo que sueño,
a todo donde vivo.

Ese amor con el que he viajado,
con el que he trotado
y me he cansado.
Pero también lo he disfrutado
en mi loco recorrido,
en mi pasión,
y hasta el amor que he encontrado
en el andar por la vida.

Seguiré transitando
por esta vida
tras las huellas del amor,
buscando la sonrisa perfecta
en unos labios enamorados
con sabor a vida.

Seguiré buscando
entre el tránsito incesante
unos ojos bien despiertos
y repletos de amor apasionado.

Seguiré en mi camino
con un descansar pausado,
deteniendo
el agitado sentir creciente
por tratar de hallar ufano
ese amor no cansado.

Vibrante por seguir
con ese tránsito incansable.
Con la fuerza necesaria
para siempre poder vivir amando,
aunque siga cargando
en mi peregrinaje por la vida
con tanto amor peregrino...

LO QUE HABITA EN MÍ

¿Qué va a quedar de mí cuando me muera
sino esta llave ilesa de agonía,
estas pocas palabras con que el día
dejó cenizas de su sombra fiera?

JOSÉ EMILIO PACHECO

Dentro de mí habitan
seres que escriben
magistrales melodías
con ilustraciones divinas
y que osan matar
las divagaciones de los siniestros ecos.

Susurros, esclavos de sueños
trasnochados,
desvelados, inertes
y prevenidos, esperando
que se cometan
en el próximo sueño de la vida.

Que osan matar
los desconciertos de sus ecos.

Seres que habitan dentro de mí
entre melodías,

balbuceos,
visiones.
Y que me transmiten
los colores del alma,
los que todos ellos
supieron crear
y que hoy
están muertos.
Vivo con los verbos
resucitados.
Con las alas ajustadas
dispuestas para volar
dentro de los caminos
de los sueños,
entre magos y ensueños.
Para nadar
con los sentimientos,
que ya casi
estaban muertos
entre las almas
que habitan en mí.

Y que no permito,
entre vida y muerte,
que ningún alma intente
matar las divagaciones
de sus ecos que adornan
con ilustraciones divinas.

HOLOCAUSTO DE SENTIMIENTOS

Podré recorrer desde el infinito de los sentidos
hasta el límite intransigente de las letras perdidas,
atravesando barreras de ciegos y tartamudos
con la indolencia sutil, sujetados del verbo amar.
Apátridas del sentir elocuente
y trasgresor de labios,
puedo manifestar unas palabras
que se aferran a las cuartillas del mañana,
en un holocausto febril y bienhechor
de un presente hambriento de evocar latitudes
en un ambiente hostil y a la vez lleno de ansias
de predecir el germinar, en un anochecer,
sentimientos convenientes
dentro de la vorágine insensible
de un holocausto de vastos sentimientos.

LO QUE LAS MEMORIAS RESGUARDAN

I

Los egos,
tan fructíferos y labradores,
tienen, casi siempre,
su fecha de caducidad.

¡Al ego lo ahorqué
antes de tener la justa soga!

II

De entre la emblemática jungla
de este mundo
trato de que mis poemas
no rasguen las dimensiones
en las alas
de las mariposas doradas.

Con las fuerzas de Aquiles y de Patroclo,
mariposas que siguen las rutas
de los colibríes
que albergo en mis manos.

¡Colibríes que han huido
de los tropicales parajes
para no mistificar otras sensaciones!

III

Cada sentencia
tiene su sentido.

Tiene su color.

Cada dolor un aroma.

Cada sentir un decir.

IV

Versos
que almaceno en el alma
hasta convertirlos
en las inspiraciones
de mis caminos andados.

V

La pasión se teje
en la telaraña del amor.
A veces, los arácnidos
la destruyen.

El hombre
alberga pasión.

También,
como arácnido,
la destruye.

VI

La sensibilidad
de cada poeta
salta de un verso a otro
como gacela en un desierto.

Mi desierto está poblado
de duendes.

De nenúfares exhaustos.
Los que siempre valoran
el paso del tiempo.

VII

Es imprescindible
regar las sonrisas.

Irrigar las raíces
de los demonios.

Para reprimir
que no broten
de la santa tierra.

VIII

Vientos del desierto,
de un océano negro,
cubren el cielo de la esperanza.

Recién nacida,
la esperanza
se mece
en el verde esplendor
de la misericordia.

IX

Los sentires
que brotan del alma
suenan, se expanden,
con una especial melodía.

Clavicordios de la memoria
sobre los mediterráneos hercúleos.
Arpas,
panderetas
y címbalos
sobre los fugaces lagos
de los desaparecidos mares
de los continentes memorables.

X

Las sabias ideas
confirman, decretan,
un archipiélago en mi memoria.

¡Prodigio sublime!

XI

Mis versos de náufrago son.
Mis versos
al amor incitan.

Mis versos
al emigrante ayudan
a traficar con sus desdichas
por las sólidas sabanas,
con la fe en sus caminos.

Con las ardientes hipocresías
por donde transitan.
Con calma ajena.

Con los opresores fortuitos
de las libertades con versos.

Los versos que no se ahogan
en las orillas persecutorias
de tantas manos
que acechan
esos versos prohibidos.

XII

Siento que mi alma
se engrandece
con el valor incalculable
de una sonrisa.

A pesar de los pesares.
De los descalabros no queridos.
De los sueños —algunos—
no compensados,
mi sonrisa
jamás depreciada ha sido.

XIII

Secreto sin sumario:
la vida es bella.

Pero no es tan fácil vivirla
con la desnudez
de sentimientos.

XIV

Catorce minutos
de sabiduría
en la vida
de una mariposa
valen más,
a veces,
que muchos años vividos
por algunos semejantes
con ciertos rasgos
de sabiduría.

XV

Los silencios
duelen.

Los cielos
abrazan.

Los silencios
sonríen...

Y hasta maldicen.

XVI

Cuando enmudezco,
si no escribo,
se enmudecen
las gargantas
de mis dedos.

¡Extraño y milagro elixir
en un tiempo de vida!

XVII

Los crisantemos
renacen en el olvido de un adiós.

Los nenúfares se alegran
de vivir entre aguas
empotrados
en su milenaria divinidad.

XVIII

Puedo observar, casi siempre,
la longevidad de una palabra:
en el primer segundo
de su existencia.

XIX

Cada poema se sumerge
en un viaje.
A las profundidades
de los océanos
de los sentimientos.

Mi escafandra
la mantengo a mi lado
para usarla
a cada momento.

En cada tiempo
que la necesite.
En todo tiempo postrero.

XX

Otros senderos
veo reflejados
en los solsticios
de la vida.

Y en los equinoccios
de nuestra vida
trato de que la magia
fluya en mis manos
cuando escribo
y de que no se borren
las palabras
que trafican
por las páginas
de la vida.

SINFONÍAS DE TIEMPOS

PRIMERA

Las sonrisas de los solsticios
nos ofrecen
las energías precisas,
para poder disfrutar
los equinoccios de la vida.

Los hechizos
de una luna viajera
derraman
sobre el tablao de la agonía
la dulce melodía
de una espera...

Esa larga y dudosa espera
que pretende no llegar nunca...

SEGUNDA

Las epifanías de los párrafos
se celebran cada día.
Las epifanías de una sonrisa
florecen toda una existencia.
La misericordia fue bajada
de aquella cruz salvadora.
La de los milagros heridos.
La de la esperanza
en los tiempos venideros.

TERCERA

Los malos ruidos del mundo
se aplacan con los silencios
de nuestras germinaciones humanas.

¡Benditas sean
las nuevas semillas germinadoras!

CUARTA

Un amor encadenado
en las angustias de un querer
puede sumergirse
en un holocausto de sonrisas...
¡Y sobrevivirá!

QUINTA

Que no se marchite nunca
el poder
entre el decir
y el callar.

¡Entre el vivir
y el no matar!

SEXTA

Cuando las horas,
parturientas,
nos avisan
en su desesperación
constante,
vemos en el horizonte radiante

el nacimiento de una tarde
que no acaba de parir
sus desencantos.

SÉPTIMA

Es preciso que salgan
del rebaño de la conformidad
los que se satisfacen
con las mentiras.

Esas mentiras
de los inconformes.

OCTAVA

Del laberinto de luces
que habitan
en el alma,
la más esplendorosa
emerge
en complicidad
con el corazón.

NOVENA

Cada vez
que siento una ligera sonrisa
me recuerda al colibrí
de mi isla encantada.
Donde puros sueños dejé.
¡Qué enorme vacío me llevé!

Cada vez
que siento una sonrisa
puedo ver la imagen del colibrí
que sonríe en sueños.

Por eso,
cargo siempre conmigo
el sonido de ese colibrí,
al vuelo,
y el olor impregnado
en los dedos
de una enaltecida
rosa blanca.

VERDADES

Para decir verdades
han crecido
las siemprevivas.
Para escucharlas:
los nenúfares
de la paciencia.

¡Siempre dispuestos
con la paciencia
imperturbable
de los siglos
vibrantes,
de los siglos
enajenados!

EN EL LÍMITE DE LA ETERNIDAD

Quisiera tenerte a mi lado
hasta el fin del universo mismo.

Para mirarte, para amarte.

Para repetirte una y otra vez,
hasta el cansancio,
lo tanto que te he amado
desde aquella otra vida.

Desde aquel tiempo
hasta esta otra dimensión.
Aún inexplorable,
desconocida
y que tú
todavía no recuerdas.

Entre los *Estudios* de Chopin,
las *Sonatas* de Brahms
y los atardeceres
desfallecidos
entre los nenúfares
de Monet.

Porque nuestro amor
surgió a destiempo.

En el heroico
y desafiante fragor
de una incesante lucha
por subsistir
en otra vida lejana.

Hasta quedar
soñolientos de pasiones.
Despertando
después del medioevo
para reencontrarnos
en este otro tiempo
de singulares vidas
sin rumbos.

Quizá este reencuentro
sea ya el definitivo.
En otro espacio diferente.
Con otras conveniencias
y conceptos
para poder seguir
explorándonos
muy dentro
de nosotros mismos.

Dándole paso
al tiempo del destiempo
hasta llegar muy unidos

para siempre
a aquel lugar
que ya ambos conocimos
y que solamente,
entre tiempos,
tal vez, tú... o yo recuerde...
en el límite de la eternidad.

SUGERENCIA

Allí,
donde el rellano te sea tierno,
empolla
con avidez
tus sentires.
Haz
que tus memorias
retoñen
en el nido perfecto...

CON NUESTRAS MANOS

Han pasado vendavales de nostalgias,
las que han sido inquietudes,
derivadas, de solsticios hemisféricos.
Y en todo ese paréntesis de espera
se han nutrido de sentires fuertes,
de vivencias límpidas,
de alegrías inalterables
con la presencia inextinguible
de unas manos que han acariciado
la silueta multicolor
de tu aura enamorada.

Con mis manos he tratado siempre
de no alterar ninguna inflexión.
De no descomponer ningún rasgo.
De volver a dibujar sus contornos
para que se mantengan fieles
al mantener la luminosidad de tu alma.

Con mis manos, también,
trato de mantener en equilibrio constante
el palpitar de un corazón
con tendencias de alimentar
tu espíritu danzante
con tu enajenante deslizar.

Y entre mis manos
percibo el suave roce de las tuyas,
entrelazándose con sentimientos
de mil colores.
Entre una angustia perenne
por no dejar nunca
de sujetar esas manos.
Amparando invariablemente,
entre ellas,
un solo corazón, uno único,
como lo es el nuestro.

CARACOLAS DE LOS TIEMPOS VENCIDOS

Caracolas de lumbres secas,
donde se escucha a rimeros
pregonar las glorias frías,
las glorias tan derruidas,
las glorias ya pasadas.
Y ya otras, tan vencidas.

Caracolas que favorecen
el detonar de una sabiduría.

Con cuernos excelsos,
afilados, desgastados, mustios;
que aplacan los sumarios
de esos tiempos gastados.

De los tiempos que han pasado,
para unos,
con ventiscas de olas inciertas.

Para otros,
con dolores,
penas,
alegrías
y hazañas.

Caracolas donde se escuchan,
entre verdes tiempos,
los gemidos, los sollozos,
las sonrisas y las habladurías
que se enredan, que se enajenan
sin querer del alma
y la no renuencia
de ensalzar espíritus
que atrapen mutuamente,
con las alas de las mariposas.

Las que nunca se destruyen
ante estos tiempos gastados.

Lo que nunca se destruye
ante estos tiempos aún no pasados.

Y que emergen al amparo sublime,
enormemente habituados
a las caracolas de las lumbres secas...

Lo que nunca se destruye
entre los verdes tiempos,
entre las alas de las mariposas vivientes.

Ante los tiempos perdidos.
Ante los tiempos gastados.

Con el poder inconmensurable
de haber vivido,
de haber amado,
de haber sabido
todo aquello
que las caracolas
de las lumbres secas
podían resguardar para siempre.
Y que no dejaron nunca
que pudiese escaparse
desde esas mismas caracolas:
las caracolas de los tiempos ya vencidos.

SENTIRES ENTRE LOS NENÚFARES

Con la fuerza del calor del estío inacabado
crucé la alameda
donde divisaba el gran estanque
de los nenúfares rojos,
amarillos y blancos.
Los que olían a un pedazo de gloria.
Los que saltaban de gozo
después de que hubiesen pasado,
en procesiones triunfales,
los camaleones verdes.

Los que huyeron con saña
de los cuentos cerrados.

Cancelados, sin un final memorable.

Camaleones verdes
que me han perseguido
por veredas tristes,
y por veredas alegres.
De los caminos agrestes y sólidos.

De las alas de las mariposas
de colores dorados.

Esas mariposas ruidosas,
revoloteadoras.
Bailaoras agentes,
que siempre son observadas
por los camaleones verdes.

Mariposas con la fuerza del verano
y hechizadas
por los fríos de trópicos agigantados.

Con los que he vuelto a cruzar
por la alameda
desde donde veía con calma
los nenúfares bien rojos.
Después de congelarse
con el calor de la verde vida.
Hibernándose con piedad y con dulzura
ante el paso ensordecedor
y misterioso
de los camaleones verdes.

Los que han regresado cabizbajos,
pero altaneros.

Sedientos de pasear
por las veredas pintadas

de los cuentos cerrados,
de los cuentos cancelados.

Esperando los finales triunfales
trasgresores de epopeyas.

Donde las alas
de las mariposas de colores dorados
revoletean, ruidosamente,
en el eterno calor de la vida misma.

En el fugaz transitar,
como espías siempre,
de los camaleones verdes.

Que transitan las veredas,
donde está el gran estanque
de los nenúfares rojos,
de los nenúfares blancos,
de los nenúfares amarillos.

En el corazón palpitante
de las bienhechoras alas
de todas las rutas
que llevan
a la vida misma.

LOS ESPECTROS DE LAS PASIONES

En las arenas ardientes de unos labios
se hunden, sin misericordia alguna,
unos besos inflamados
por los vientos
de los sirocos aletargados.
Autoflagelados.
Saturados del hedor
de la pasión extraña.
Esos besos que estremecen el alma
saturada, con bondades.
De una soledad pasajera
por la nostalgia, la melancolía probable
de los espectros inútiles de las pasiones,
que se clava en las arenas ardientes
de esos labios que ya tienen alma.

EN EL CAMINAR

Salva del tiempo gélido y adverso.
Y todo aquello hoy lo desafía.
Y tan sublime precio cabe en verso.

JOAQUIM MACHADO DE ASSIS

Que el sonreír
sean los pétalos
de las lágrimas
sin derramar.

Que al horadar siluetas
de las huellas infringidas
en el caminar del sentir
se perpetúe
la existencia de una vida.

Que, mientras convulsiono
de delirios de perpetuar memoria,
arrojando los abrojos de los caminos,
salvando de los huracanados tiempos
los apreciados versos
de unos poemas
que jamás podrán ser vendidos
en ninguna casa de subastas.

HOY ESCRIBO

Entre memorias de silencios,
con algarabías tuertas.
Hoy escribo
lo que quizá no sea leído
en este tiempo.
Pero con la plena convicción
de que quedará en la memoria
del legado que añoro.

Y eso, de antemano,
me reconforta plenamente.

ARREMETIDA DE CUERVOS

No hay que dejar
que los cuervos
te ataquen una segunda vez.

¡Estén preparados para la embestida!

ESENCIALES

La risa
mata al miedo.
El amor
suaviza los temores.

Las circunstancias
establecidas
hacen
del amor
y
de la risa
condimentos
esenciales
de toda vida.

INTENTOS

La vida se hace
de puros intentos.
Con mucha intensidad
en el intentar
viviendo.

La vida se hace
teniendo
muchos sueños.

Tantos anhelos,
tanta fuerza
en el intentar
con la esperanza
de tantos intentos.

EL TIEMPO QUE SE NOS VA

El tiempo en nuestras vidas
se diluye,
insensatamente.

Se nos escapa.

Se desliza.

Corre como gota de agua
en la inmensidad
de la mar
de nuestras vivencias.

El tiempo vuela
con su alma propia
hacia
un inconmensurable
destino
desconocido.

POR LOS CAMINOS QUE HE PASADO

Yo, para todo viaje
—siempre sobre la madera
de mi vagón de tercera—,
voy ligero de equipaje.

ANTONIO MACHADO,
El tren

Atajos, en los caminos
que convergen
en la altamar de los hombres.

Itinerarios en los caminos
impregnados
con los verbos enrarecidos
por las sutilezas de amores
que aun siendo pasajero
se hizo a la mar en tierra.
Que sé qué día ya,
de tanto caminar,
de tanto vagar,
de tanto zozobrar
en las areniscas de los tiempos.

Trayectos en el caminar
entre variadas lenguas
arrojadas
por fatuas bocas.
Delirantes
en otras.
Puras
y buenas en otras.

Travesías de caminos,
que han sido,
que fueron
y que serán
los andantes
plañideros
de venturas,
de nostalgias,
de amores
y decepciones,
de tristezas
y de colmenas de dulzura.

Atajos de caminos
que siempre serán
bienhechores
del andar
para poder cruzar
las tantas travesías

memorables,
inolvidables.

¡Mis travesías de caminos
que guardo
en los bolsillos de mi memoria!

SOLILOQUIO

He desnudado la vida,
poco a poco.

Lentamente.
Pero con prisa.

Sin afanes de no perder.
¡Buscándote
en la vida!

Y continúo sin desesperarme,
desarropando
con una embriaguez perpetua
esa búsqueda
que ya no me hace desesperar,
sin atormentar
a la esperanza vestida...

ARCHIPIÉLAGO

Las ideas
conforman
un archipiélago
en mi memoria.

¡Qué vasta inmensidad!

Y no pretendo
que ningún tsunami
errático, maloliente,
me las ahogue.

LA PIEL DE LA MEMORIA

La piel se seca,
con los años diseminados
por nuestro cuerpo.
La piel
se nos arruga, sin ninguna tregua.
La piel
se estruja, se encoge
sin misericordia alguna.

Y hasta nos duele, a veces.

La piel nos recubre
de cuantas tormentas
que hemos pasado durante la vida.

Cuántas cicatrices ha albergado
nuestra piel.

En su superficie lunar.
En su cubierta esdrújula.
De padecer, de resistir.

La piel nos hace partícipes
de los buenos augurios de la vida.

De los sinsabores que clama.
Que no se pueden ocultar.
La piel recibe los besos,
bien dados, bien recibidos,
amargos o despreciables.

La piel es la envoltura
que también ingresa,
resguarda, y que protege
los bolsillos de nuestra memoria.

Trastornada, a veces.
Lúcida, otras veces.
Sabedora de mantener
un cuerpo que revela
nuestros años... que con el tiempo
difunto será.

La piel es y será,
para algunos,
la materia de un después marchitarse.
Para otros,
el escudo y la mantelería fina
de deslumbrantes vistazos.
Y, para ciertos testigos oculares,
con los tiempos transcurridos
se transformará
en una decadencia visual.

Entonces,
dirán a cuantos vientos puedan llegar:
¡Una piel hecha mierda!

EN ALGÚN LUGAR DEL TIEMPO

Quizás he sido un trotamundos en sueños,
en nostalgias, en insomnios clarividentes.
Tal vez he logrado un orgasmo invariable
por lanzar a los vientos
cuanto entusiasmo se desborda
del alma hacia la piel,
de la piel hasta el continuo transitar
por esta tierra bendita, donde se escarba,
donde se obtiene, muchas veces, lo deseado.

Donde los sueños pueden hacerse realidades
en cualquier lugar del tiempo.

Todo eso que hace estremecer
los límites de nuestro tiempo
en secuencias logísticas y eternas.

Frecuentando, entre refugios de desvelos,
con un sinfín de reverencias no profesadas;
entre tantas notas que rasgan las palabras
en cualquier intento inconmensurable
por hacerlas vivir con el sentido de vida.

En algún lugar del tiempo,
el eco de cada sonoridad las hará vibrar.

Bailarán con gran sentido, en su humildad,
cada vez que emerjan en su andar
en cualquiera, en algún lugar del tiempo.
Evocando más autenticidad
con las razones enraizadas,
con manos estridentes, con manos agitadas;
entre este vagar por senderos
y con el deseo en mis manos,
con la lógica en mi alma,
dispuestas siempre a expresar en cuartillas
mis versos libres, sencillos y austeros
para proseguir en el incesante transitar de la vida
¡en algún lugar del tiempo
que sé que allí, siempre, me encontraré!

EPÍLOGO DE LOS NENÚFARES DONDE HABITA LA MEMORIA QUE NO HUYE

El verdadero viaje
se hace en la memoria.

MARCEL PROUST

Para los antiguos egipcios, el nenúfar o flor de loto simbolizaba la separación de deidades.

Y, a decir de los expertos, era un motivo que estaba asociado a las creencias de esta cultura sobre la muerte y el más allá tras la misma.

Dentro de la glíptica maya, el nenúfar es una manifestación de la fertilidad, pues es una planta capaz de florecer en medio de los pantanos; y también es un símbolo de la abundancia, pues normalmente no crece una sola en un lago, sino que muchas veces llenan la superficie de este.

Mientras tanto, para los dogones, en Malí, el nenúfar cumple la función de la leche materna de las mujeres.

Así, se lo relaciona con los senos y el torso. Por ello se les dan hojas de nenúfares a las mujeres lactantes para mejorar su leche.

De igual forma, estas hojas se le dan al ganado que no ha parido para aumentar su producción y fertilidad.

Todo esto tiene su origen en el mito morueco en donde el sol baja en forma de arcoíris a la tierra y se sumerge en un pantano lleno de nenúfares, gritando que, a partir de ese momento, la tierra es suya.

El confuciano Zhou Dunyi llegó a decir que le gustaba la flor de loto (nenúfar) porque, a pesar de que crecía en medio del barro, sus pétalos se abrían completamente limpios.

Por esta razón, pueden verse varias autoridades asiáticas sentadas sobre la flor, representando así su divinidad.

Para los budistas, la flor representaba la pureza de la mente, el habla y el cuerpo en medio de las aguas sucias de los deseos corporales y el apego a lo terrenal.

Incluso se llegó a decir que, por lo lugares por los que caminaba Buda Gautama, nacían varias flores de loto.

A pesar de los tiempos transcurridos, los nenúfares siguen vivos. Muy vivos. Expectantes a todo lo que acontece a su alrededor.

Continúan como testigos mudos de todos los acontecimientos acaecidos en nuestro mundo.

Por eso, guardo con piedad y misericordia nenúfares de colores en los bolsillos de mi memoria y, de vez en cuando, los hago flotar en un determinado espacio de un tiempo de mi vida.

Ellos, también, son los hilos conductores entre mi hábitat en esta vida y la de mi madre, en otra que aún no sé cómo podría ser.

ÍNDICE

Este libro se terminó de editar en Granada
en junio de 2025 por

Aliarediciones

www.aliarediciones.es
info@aliarediciones.es